X   19675
(83)

Frontispice.

Les Leçons d'une sage Gouvernante.

ALPHABET Moral

des Petites Demoiselles

Orné de 14 jolies Gravures.

Paris

EYMERY, FRUGER Et Cⁱᵉ

Rue Mazarine Nº 30.

1830

AVERTISSEMENT.

Les petites demoiselles étant moins bruyantes et moins turbulentes que les petits garçons, il est plus facile de leur donner les leçons qui conviennent à l'enfance; on n'est pas obligé de tirer de leurs jeux mêmes des points de morale, parce qu'elles sont naturellement disposées à écouter attentivement, et à réfléchir sur ce qu'on leur enseigne. Leur première éducation doit donc être plus grave et plus sentimentale.

Ce caractère lui est d'autant plus essentiel, que les petites demoiselles qui se font remarquer par quelques agréments, deviennent ordinairement l'objet des petits soins et des prédilections, et que les éloges, qui ne devraient jamais être donnés qu'aux actions louables, sont prodigués à la gentillesse et aux grâces. En conséquence, elles s'imaginent qu'il n'y a d'autre mérite que la beauté, que c'est un supplément à tout le reste; elles deviennent fières avec leurs compagnes, dédaigneuses, méprisantes, absolues dans leurs petites prétentions; leurs demandes et leurs souhaits sont des lois, dans un âge où il faut plier et n'avoir point de volonté ; et si leurs maîtresses ne souscrivent pas tout de suite à leurs désirs, elles savent bien que cette sévérité momentanée ne tiendra pas contre quelques larmes.

Mais pour empêcher que plus tard les passions ne corrompent un beau naturel, il faut inspirer aux jeunes cœurs les sentiments de toutes les vertus chrétiennes et sociales. Tel est le but de cet Alphabet. Les leçons qu'il renferme tendent à détruire dans l'enfance le germe des défauts, à lui faire détester le vice et chérir la vertu; elles offrent des récits pieux et touchants, dans lesquels l'amitié, la modestie, la reconnaissance, l'humanité, la compassion pour les malheureux, reçoivent des encouragements et le tribut d'éloges qui leur est dû.

La plupart des institutrices qui se chargent aujourd'hui de l'éducation des petites demoiselles savent qu'il s'agit de donner à leurs élèves des mœurs et non des manières, de les former à la science de la religion plutôt qu'à celle du monde, de leur apprendre enfin à être modestes, à être chrétiennes avant de leur dire : Tenez-vous droite, faites bien la révérence.

A   B   C   D

E   F   G   H

I   J   K   L

M   N   O   P

Q   R   S   T

U   V   Z   Y   Z.

A   B   C   D

E   F   G   H

I   J   K   L

M   N   O   P

Q   R   S   T

U   V   X   Y   Z.

(5)

ALPHABET QUADRUPLE,

Ou lettres majuscules et minuscules, courantes, italiques et manuscrites.

A a	B b	C c	D d
A a	*B b*	*C c*	*D d*
E e	F f	G g	H h
E e	*F f*	*G g*	*H h*
I i	J j	K k	L l
I i	*J j*	*K k*	*L l*
M m	N n	O o	P p
M m	*N n*	*O o*	*P p*
Q q	R r	S s	T t
Q q	*R r*	*S s*	*T t*
U u	V v	X x	Y y
U u	*V v*	*X x*	*Y y*
Z z		W w	
Z z		*W w*	

*Lettres doubles et liées
ensemble.*

æ	œ	fi	ffi
fi	ffi	fl	ffl
ff	fb	fl	ff
ft	w	&.
æ	œ	fi	ffi
fi	ffi	fl	ffl
ff	fb	fl	ff
ft	w	&.

Voyelles.

a   e   i   ou   y   o   u

Syllabes.

ba	be	bi	bo	bu
ca	ce	ci	co	cu
da	de	di	do	du
fa	fe	fi	fo	fu
ga	ge	gi	go	gu
ha	he	hi	ho	hu
ja	je	ji	jo	ju
ka	ke	ki	ko	ku

la	le	li	lo	lu
ma	me	mi	mo	mu
na	ne	ni	no	nu
pa	pe	pi	po	pu
qua	que	qui	quo	qu
ra	re	ri	ro	ru
sa	se	si	so	su
ta	te	ti	to	tu
va	ve	vi	vo	vu
xa	xe	xi	xo	xu
za	ze	zi	zo	zu

MOTS A ÉPELER.

Bon té.
A mi tié.
O bé is san ce.
Mo des tie.
Re te nue.
Res pect.
Pa pa.
Ma man.
Pè re.
Mè re.
Chré tien.
Chré tien ne.
Lec tu re.
Pa ru re.
Mes se.
Vi si te.
Pro me na des.
Di ver tis se ment.
Gé né ro si té.
Can deur.
Com pas si on.

Maî tres se.
Bon ne a mie.
A mour de Dieu.
A mour du pro chain.
Si len ce.
Con ver sa ti on.
Con fes si on.
Com mu ni on.
Jé sus-Christ.
Ma vie.
E du ca tion.
Ver tu.
Vi ce.
Men son ge.
Or gueil.
Va ni té.
Co quet te rie.
Pen si on nai res.
Re con nais san ces.
Hu ma ni té.
Do ci li té.

Phrases simples.

Dieu aime les enfants dociles.
La bonté est aimable.
L'enfant méchant est haï.
Il faut prier Dieu soir et matin.
Le mensonge est détestable.
L'oisiveté est dangereuse.
Le travail est utile.
La vertu est un trésor.
La modestie est la parure d'une petite demoiselle.
La sincérité plaît à tout le monde.

Phrases composées.

Une petite demoiselle qui est bonne, aime les pauvres, et leur fait l'aumône quand elle le peut.

Dès l'enfance il faut s'accoutumer à remplir les devoirs de la religion.

Il faut aimer et respecter sa maîtresse comme sa propre mère.

Dieu accorde à celle qui le prie soir et matin, la grâce de bien apprendre et d'être bien sage.

Une petite demoiselle qui a l'amour de Dieu, la crainte du Seigneur, et qui est pieuse dans le lieu saint, fait de grands progrès dans la science et dans la vertu.

Il faut jouer pour se délasser du travail, mais non pour perdre le temps et empêcher ses compagnes d'étudier.

On ne doit pas lire par curiosité, ni pour contenter son esprit, mais pour apprendre ses devoirs.

Une petite demoiselle doit rechercher la compagnie des personnes sages et âgées, et profiter de leurs discours et de leurs exemples.

Un silence trop sérieux vient de la timidité; mais un silence discret vient de la modestie.

Pour arriver à la vertu, il faut commencer de bonne heure à régler sa conduite sur la morale de Jésus-Christ et les maximes de l'Evangile.

Signes de la Ponctuation.

Virgule	,	Apostrophe	'
Point	.	Trait d'union	-
Point et Virgule	;	Tréma	ï
Deux points	:	Cédille	ç
Point d'interrogation	?	Parenthèses	()
Point d'admiration	!	Guillemets	»

Accents.

é   è   ê

accent aigu.   accent grave.   accent circonflexe.

Entrée dans la pension.

La petite Julie, âgée de six ans, était désobéissante ; elle ne voulait rien apprendre et prétendait faire toutes ses volontés. — Oh ! oh ! lui dit son papa, je vous mettrai en pension, mademoiselle. — Tu n'aurais pas le courage, lui répondit la petite rusée, de te séparer de moi ; tu m'aimes trop. — Je l'aurai, reprit le papa d'un ton sérieux, et c'est parce que je vous aime que vous irez en pension. Trois jours après, Julie fut conduite par sa mère, dans une maison d'éducation dirigée par une dame remplie de vertu et de probité. Les adieux furent attendrissants ; mais Julie ne tarda pas à essuyer ses larmes. Ses compagnes s'empressèrent de la consoler. Une d'entre elles lui dit : Ne t'afflige point, Julie, nous sommes bien ici ; nous nous y amusons beaucoup ; nous avons une bonne maîtresse, nous l'aimons bien, et nous l'appelons notre bonne amie : tu auras du plaisir à l'entendre raconter de belles histoires, quand elle est bien contente de nous.

L'heure du dîner sonna ; on alla au réfectoire. La maîtresse plaça Julie auprès d'une grande pensionnaire, qu'elle chargea d'en avoir soin, mais elle mangea peu, tant elle avait le cœur gros. Après dîner on retourna au jardin ; la maîtresse dit en l'embrassant : Hé bien, ma chère

Entrée dans la Pension.

L'Obéissance

Le Travail et l'Etude.

petite Julie, pleurerons-nous encore?—Non, ma bonne amie! — Qui vous a dit de m'appeler ainsi? — Ce sont ces demoiselles, qui vous aiment de tout leur cœur. — Et vous, m'aimerez-vous?—Il le faudra bien, puisque je n'ai pas maman ici. — Je serai donc votre maman? — Oh! non, j'aurai toujours maman; mais, après elle, c'est vous que j'aimerai le plus.

La soirée se passa à jouer. L'heure du coucher arriva trop tôt : Julie n'avait point envie de dormir; elle se mit à caqueter avec ses petites camarades; mais la maîtresse lui dit sérieusement : *Dormez, mademoiselle Julie, dormez.*

Le lendemain, la mère de Julie vint voir sa fille, et dans le moment où elle disait que sa fille ne pourrait jamais s'accoutumer à la pension, celle-ci s'arracha brusquement de ses bras et courut joindre ses camarades qui allaient prendre leur récréation. — Hé bien, madame, dit la maîtresse, voyez comme Julie s'ennuie! — Quelle ingratitude! s'écria la mère; qui l'eût jamais cru! —Il n'y a point là d'ingratitude; reprit la maîtresse; il est un temps marqué par la providence où l'enfant doit aller apprendre, de bouches étrangères, le respect et l'amour qu'il doit à ses père et mère. Elle allait continuer, lorsque la mère de Julie demanda sa fille pour lui dire adieu : Julie se donna à peine le temps d'embrasser sa mère, et alla reprendre ses amusements.

L'Obéissance.

La maîtresse était dans l'usage de recueillir exactement, pendant la journée, les détails de la conduite de chaque pensionnaire, et tous les soirs elle leur rappelait et leurs petites fautes et leurs actions louables. Ses réprimandes et ses éloges étaient proportionnés à l'âge de chacune, et elle finissait son examen par un trait d'histoire, qui, en intéressant ses élèves, leur faisait recevoir les reproches avec soumission, et les récompenses avec la résolution de s'en rendre dignes de plus en plus.

Eulalie avait été passer plusieurs jours chez ses parents. Pendant ce temps, oubliant les sages avis que lui avait donnés la maîtresse, elle mécontenta ses parents, surtout en leur désobéissant plusieurs fois. Lorsqu'on la ramena à la pension, la maman ne manqua pas d'en parler à la maîtresse, qui profita de la désobéissance d'Eulalie pour faire connaître à ses élèves le danger auquel s'exposait une petite fille désobéissante; et pour leur rendre ses leçons plus sensibles, elle leur raconta l'histoire suivante :

« Sophie, leur dit-elle, avait un père et une mère pauvres, méchants et très-grossiers. Des parents si mal élevés ne pouvaient donner à leur fille une éducation chrétienne ; mais cette petite fille fut demandée par les sœurs de la charité, qui lui inspirèrent tant de respect et d'amour pour ses père et mère, qu'elle ne s'écarta jamais de son devoir envers eux, et fut toujours docile et soumise.

« Quand elle eut quinze ans, son père la chassa de la maison, et elle fut réduite à se mettre en service. Elle eut le bonheur de rencontrer une dame riche et craignant Dieu; jamais servante ne fut plus attachée à sa maîtresse, et fille plus affectionnée à ses père et mère que Sophie; elle leur donnait, pour les aider à vivre, tout ce qu'elle gagnait. Au bout de dix ans, ses sœurs se marièrent. Son père et sa mère, qui étaient âgés, restèrent seuls, et lui mandèrent de revenir à la maison. Sophie ne balança pas un moment pour obéir à ses parents, malgré les instances de sa bonne maîtrese, qui, pour la retenir, lui offrit une augmentation de gages. — J'aime mieux suivre la volonté de mon père et de ma mère, répondit Sophie; mon travail suffira pour les faire vivre; j'aurai soin d'eux; ils sont âgés, ils ne peuvent se passer de moi. — N'en sois pas en peine, lui dit sa maîtresse, je pourvoirai à leur entretien; et après tout, tes père et mère ne méritent guère tes services, puisque tu n'as reçu d'eux que de mauvais traitements. — N'importe, reprit Sophie, s'ils ne méritent pas mes services, c'est pour l'amour de Jésus-Christ que je veux leur obéir, et que je veux ne pas les abandonner dans leur vieillesse. Quelques torts qu'ils puissent avoir, ils sont toujours mes père et mère : je suis toujours leur enfant, et je sens ce que Dieu et la nature demandent de moi à leur égard. — Va, ma chère amie, lui dit la dame, Dieu te bénira, parce que tu es une enfant selon sa volonté. Sophie retourna auprès de son père et de sa mère. On ne peut dire combien elle eut de peine pour subvenir à tous leurs besoins; la seule récompense qu'elle obtint de sa soumission et de ses soins fut de recevoir des injures; mais elle souffrit tout sans se plaindre. Enfin elle perdit ses parents.

« Dieu fut touché des vertus de Sophie : elle trouva un honnête homme qui l'épousa et la rendit très-heureuse. Sur le point de mourir, elle fit venir ses enfants et leur dit : « Mes chers enfants, la plus grande consolation que j'ai eue en ma vie, c'est d'avoir toujours été soumise à mes père et mère; j'espère qu'à cause de cette obéissance que j'ai toujours eue en vue de Dieu et pour son amour, le Seigneur me fera miséricorde. Je vous recommande d'avoir de même toujours Dieu en vue, et beaucoup de soumission et de respect pour les personnes de qui vous dépendrez : si vous suivez ce dernier avis que je vous donne, Dieu ne vous abandonnera jamais. » Cette histoire fit verser bien des larmes; Eulalie, pénétrée de repentir, se jeta dans les bras de sa maîtresse en poussant des sanglots, et toutes se joignirent à elle pour promettre qu'elles n'oublieraient jamais que Dieu nous commande d'honorer nos père et mère.

Le Travail et l'Étude.

L'ORDRE qui régnait dans cette pension était admirable. La maîtresse avait l'art, en se faisant aimer, de faire désirer à ses élèves les moments de l'étude et du travail. Elles passaient successivement de la lecture à l'écriture, au calcul, à la géographie, à l'histoire, au dessin, et ensuite à différents ouvrages en linge, en tapisserie, etc. L'habitude du travail dès l'enfance, leur disait-elle sans cesse, accoutume l'esprit à réfléchir et à tirer parti des moindres connaissances dont on l'a orné. Un jour elle leur conta à ce sujet l'histoire suivante :

« Un riche particulier faisait ses délices d'une maison de campagne dont il désirait agrandir le domaine. Il avait pour voisin un bon paysan, honnête homme, qui jouissait tranquillement de l'héritage de son père, et le cultivait de ses mains. Le riche convoite le patrimoine du pauvre, et lui demande à l'acheter. Celui-ci refuse. Le riche, piqué de ce refus, invente mille chicanes, et s'efforce de lui ravir par violence ce qu'il ne peut obtenir de bon gré.

« Un jour le feu prend à la maison du riche; celui-ci accuse le pauvre d'être l'auteur de l'incendie. Des témoins subornés appuient cette injuste accusation. Le malheureux paysan est jeté dans un cachot. Sans amis, sans protecteurs, il n'a pour lui que son innocence. Appelé devant ses juges, il répond à tout avec une présence d'esprit qui se trouve rarement dans l'homme dévoré de remords et agité d'inquiétude. Le rapporteur du procès se retire chez lui triste et rêveur; sa femme lui demande le sujet de sa peine. — Une malheureuse affaire, lui dit-il, dont je suis le rapporteur, me jette dans un cruel embarras. Il lui raconte en peu de mots, l'histoire du paysan infortuné qu'il croit innocent. La femme lui demande s'il s'est présenté des témoins. Le mari répond qu'il y en a, et qu'ils ont vu, tel jour, vers minuit, au clair de la lune, le paysan mettre le feu à la maison du riche. La femme prend un calendrier, et reconnaît qu'au jour indiqué, à l'heure marquée, la lune n'était point levée, ce qui constatait la fausseté de la déposition. Le juge, enchanté de l'observation judicieuse de sa femme, en fait part le lendemain à sa compagnie. On rappelle les témoins, qui sont bientôt confondus. Le riche oppresseur est condamné, l'innocent rentre dans tous ses droits.

« Vous voyez, mes amies, que si la femme du juge n'avait pas eu l'habitude de réfléchir, elle n'aurait point tiré son mari d'un embarras bien pénible, pour un honnête homme; et remarquez, en même temps, comme la Providence, qui veille sur le pauvre vertueux, se sert souvent des moyens les plus simples, pour le sauver d'un péril qui semble inévitable ! »

La Modestie.

L'Humanité.

Le Catéchisme.

La Modestie.

On était à la promenade, les pensionnaires allaient deux à deux, et se faisaient remarquer par leur marche posée, la décence de leur parure, et la propreté de leurs habillements, mais quelques-unes d'entre elles, voyant avec envie l'élégance des femmes qui étaient dans des équipages brillants, témoignaient leur goût pour la parure et leur penchant à la vanité. La maîtresse, qui les avait entendues, les laissa parler tout à leur aise, sans les contrarier dans le moment; mais le soir, après le souper, comme les élèves, suivant leur usage, lui demandèrent une histoire, elle leur raconta celle-ci :

« Angélique, âgée de quatorze ans, avait beaucoup d'esprit, mais elle aimait la parure. Ayant entendu à l'église un discours contre le luxe et la vanité, elle s'habilla tout-à-coup d'une manière modeste. Sa mère, surprise de ce changement, lui en demanda la raison; Angélique lui répondit que la loi de l'évangile l'ordonnait. Sa mère n'insista pas.

« Mais Angélique eut beaucoup de combats à soutenir contre plusieurs dames qui entreprirent de lui faire changer de sentiment. — Pourquoi, lui dirent-elles, ne vous habillez-vous pas comme les autres ? — Je n'y suis pas obligée, répondit Angélique; cependant je m'habille comme celles qui, je crois, font le mieux. — Quoi qu'il en soit de vos bonnes raisons, lui dit-on alors, vous reprendrez nos modes, car vous en serez plus agréable. — Je ne m'habille pas, reprit Angélique, pour paraître agréable, mais pour me couvrir. Les vrais agréments d'une fille ne consistent pas dans les habits, mais dans la vertu; c'est ce qu'on m'a dit dès mon enfance, et ce que je n'aurais jamais dû oublier.

« Une jeune comtesse, qui n'avait point encore parlé, vint tout-à-coup embrasser Angélique. — Ah! ma chère enfant, lui dit-elle, que je vous estime d'avoir de tels sentiments! conservez-les toujours. Ensuite, adressant la parole aux autres dames, elle leur dit : En vérité, n'est-il pas honteux pour nous qu'une jeune fille de quinze ans nous fasse la leçon! Que nous sommes aveugles de nous rendre esclaves de la mode, pour plaire à des flatteurs qui, dans leur âme, se moquent de nous! »

Les petites pensionnaires, qui avaient écouté leur maîtresse avec la plus grande attention, frappées des vérités qu'elle venait de leur rendre aussi sensibles, lui promirent d'être modestes dans leurs habillements pendant toute leur vie.

L'Humanité.

La jeune Adélaïde ne parlait à ses camarades que des châteaux, des belles voitures, des beaux chevaux de son papa, des femmes de chambre, de la toilette et des diamants de sa maman; elle en était devenue si ridicule, qu'on fuyait sa compagnie, et qu'on la laissait abandonnée à elle-même, soit à la promenade, soit en récréation. La maîtresse réussit à corriger l'ostentation d'Adélaïde par une histoire qu'elle raconta adroitement à la suite d'une conversation sur le plaisir de faire du bien et d'employer les dons de la fortune au soulagement de l'humanité.

« Deux financiers de la capitale, ayant formé le projet d'un voyage de pur agrément aux eaux de Spa, ils en parlèrent à un homme aimable qu'ils désiraient s'associer. Celui-ci accepta la proposition avec joie. Pendant le séjour aux eaux ce ne fut que plaisir. Les financiers, heureux au jeu, gagnèrent des sommes considérables. — Que faire de cet argent? dit l'un deux; nous n'en avons pas besoin. — Rien de mieux, répondit l'autre, que de l'employer à soulager l'humanité: les habitans de nos terres sont pauvres, achetons des vêtemens pour eux, il n'est pas juste qu'ils souffrent pendant que nous nous divertissons. L'ami qui les accompagnait fut chargé de faire les emplettes et de les envoyer au village, sans faire connaître d'où venait ce bienfait inattendu. En revenant de Spa, ils traversèrent un village où se tenait une foire de bestiaux, et tout-à-coup ils achetèrent des vaches, des taureaux, des moutons, des chèvres, des volailles de diverses espèces; tout cela prit encore le chemin du village. Ils se proposaient de surpendre leurs vassaux par ces nouveaux actes de générosité, mais leur projet ayant été découvert, ils furent eux-mêmes bien surpris de voir, à une demi-lieue du village, les habitants qui venaient au-devant d'eux. Chacun était mis de son mieux, et l'on n'avait pas manqué de prendre les habits neufs qu'on venait de recevoir. Au centre de la troupe était un char rustique orné de feuillages; au milieu s'élevaient trois trônes de gazon formés par des berceaux de verdure. Tel était le char triomphal qui fut offert à ces héros de la bienfaisance, et dans lequel ils furent conduits jusqu'à leur château, au bruit des acclamations générales; on n'entendait que des cris de joie: c'était vraiment une fête de cœur.

« Les vertueux seigneurs annoncèrent que, pendant une année, il serait fourni des fourrages à ceux qui en manqueraient; que les étables, pour loger les bestiaux qu'ils venaient de donner, seraient bâties à leurs frais, et qu'en outre, ils accorderaient toutes les semences nécessaires pour les terres et prairies.

« Le dimanche suivant ils donnèrent dans les cours du château, sous des allées de tilleuls, un repas abondant à leurs honnêtes vassaux; le vin n'y manqua pas et surtout la joie: le bon ordre avait prévu tout excès. Ces seigneurs bienfaisants s'assirent eux-mêmes à la table, sans aucune distinction, et leurs santés furent portées avec des cris d'allégresse. Des danses terminèrent cette belle journée, et chacun se retira content et satisfait.

« De retour à Paris, ils ne manquèrent pas de vanter à leurs épouses leurs nouveaux plaisirs. Ces dames se piquèrent de les imiter, et voulurent, à leur tour, être les bienfaitrices de leurs villages; elles y fondèrent un petit hôpital desservi par les sœurs de la Charité, qui instruisaient aussi les jeunes filles, et l'on établit également une école pour les garçons; enfin, ce petit canton fut bientôt peuplé de laboureurs aisés et heureux. Voilà le bien qu'opère dans les campagnes, l'amour de l'humanité. »

Toutes les petites demoiselles trouvèrent cette histoire fort jolie, et Adélaïde, qui en avait paru extrêmement touchée, dit qu'elle la raconterait à son papa et à sa maman, et qu'elle aurait bien du plaisir à se voir avec eux dans un char orné de feuillages.

Le Catéchisme.

LE premier soin de la maîtresse était que ses élèves fussent bien instruites de leur religion. Un ecclésiastique vertueux et zélé venait, à cet effet, leur faire le catéchisme tous les dimanches. La clarté qu'il mettait dans ses explications fixait tellement l'attention des pensionnaires, qu'elles étaient en état de se faire des questions les unes aux autres et d'y répondre sur-le-champ.

Un jour que la maîtresse avait été extrêmement contente de leur sagesse au catéchisme, elle leur témoigna sa satisfaction dans la récréation du soir, et elle les encouragea à persévérer. — Ah! mes amies, leur dit-elle, n'oubliez jamais les obligations que vous impose le titre de chrétiennes, et surtout qu'il n'y a que la foi qui sauve. Le prêtre vous l'a répété plusieurs fois, et l'histoire que je vais vous raconter vous en convaincra entièrement.

« Une jeune comtesse, qui fut pensionnaire dans cette maison, a fait, depuis son mariage, l'acquisition d'une terre à quinze lieues de Paris. Le chemin pour y aller est Saint-Maur, Champigny, etc. C'est à Champigny qu'est arrivée l'histoire qui nous occupe.

« La jeune comtesse profita d'un beau temps pour aller à sa terre. Arrivée au bas de la montagne, elle descendit pour faire ce trajet à pied, et pour laisser reprendre haleine à ses chevaux. Elle n'avait avec elle que deux femmes : l'une était son ancienne gouvernante, et l'autre sa femme de chambre; mais comme la première marchait difficilement, elle l'engagea à rester avec les autres domestiques. Elle les laissa tous, et prit sa course seule vers le haut de la montagne.

« Dans ses voyages, elle était toujours vêtue en homme. — Ah! ce n'est pas bien, s'écrièrent ici toutes les petites demoiselles. — C'est vrai, mes amies, leur dit la maîtresse, aussi fut-elle au moment d'en être bien punie. Au haut de la montagne, on trouve une grande allée au bout de laquelle est un petit bois taillis. En approchant de ce bois, le chien que la comtesse avait avec elle, la quitte et s'avance sur le bord du fossé qu'il faut franchir pour entrer dans le taillis. Là il s'arrête et paraît surpris; il commence à aboyer, en regardant sa maîtresse, il semble l'avertir qu'il y a du danger pour elle..... Que faire? Elle avait du courage; elle prend le parti d'avancer.... Mais quelle fut sa surprise, de voir un homme couvert de haillons, un gros bâton à la main, et franchissant le fossé pour venir droit à elle!.... Sa figure était hâve, et il avait une barbe énorme. La comtesse est d'abord saisie; mais bientôt elle se rassure. Cet homme s'approchant d'elle, et trompé par l'habillement, lui dit : Jeune homme que fais-tu là à me regarder? — Je ne te regarde pas; j'attends mon chien. — Aussitôt il l'arrête par le bras, et lui demande la bourse ou la vie. La comtesse eut peur alors, mais s'efforça de n'en faire rien paraître, et elle regarda si ses gens ne venaient pas : hélas! elle ne vit rien. Il lui fallut donc se résoudre à se tirer elle-même d'embarras. Je vous vois toutes aussi inquiètes que je le fus, dit ici la maîtresse à ses élèves, pour savoir comment une jeune femme, faible, délicate, s'était tirée d'affaire : je vais vous l'apprendre. La comtesse a été élevée dans cette maison. A onze ans elle a remporté le prix de sagesse au catéchisme, et ce prix est un beau crucifix d'argent qu'elle porte toujours sur elle. Elle n'est pas dévote, mais elle a beaucoup de foi, et cette foi l'a sauvée : vous allez en juger.

« Le misérable réitère sa demande, et sur le refus et les menaces mêmes que lui fait la comtesse, il tire un pistolet de sa poche. Arrête, scélérat, lui dit-elle, et apprends que je suis femme; mais je te déclare en même temps que la mort n'a rien qui m'épouvante..... Frappe, mais songe que je dévoue mes derniers instants à l'Être suprême, qui voit tout : et en même temps elle lui montre le crucifix dont j'ai parlé. — C'est devant cette image céleste, continua-t-elle, qu'il faut que tu m'arraches la vie.... — A ces mots, le malheureux recule, la regarde et pâlit. Encouragée, elle approche, lui présente son cœur; mais toujours garantie par son divin défenseur. — Frappe donc, lui dit-elle, homme vil et sans foi!..... Mais c'est sur Dieu même qu'il faut que tes coups se portent avant de m'atteindre, car il ne sortira pas de cette place.... Elle attendait sa réponse, les yeux fixés vers le ciel, et tenant le crucifix sur son cœur : mais quelle

fut sa surprise, de voir cet homme tomber à ses genoux les mains jointes. — Relève-toi, lui dit-elle, ce n'est pas devant moi qu'il faut se prosterner; je ne suis qu'une mortelle.... et lui présentant son sauveur : Tiens, regarde.... le voilà celui à qui tu dois toutes tes adorations.... Hélas! le malheureux n'en avait plus la force; écrasé sous le poids de la honte, il baisse la tête ; des larmes inondent son visage, et, sans prononcer une seule parole, il tombe à terre... La pitié s'empare alors de la comtesse; elle l'interroge : il n'était que malheureux ; c'était son premier pas vers le crime, et la comtesse devint sa protectrice. »

Les élèves essuyèrent les larmes que ce touchant récit leur avait fait verser.

Les Stations.

Un des jours de la semaine sainte, la maîtresse conduisit ses élèves à Saint-Roch, où est représentée l'histoire de la passion du Sauveur. Elle n'eut pas besoin de leur recommander du recueillement et de la piété. Elles se rendirent à une chapelle où allait commencer une messe. On était édifié de leur maintien modeste; elles étaient à genoux; les petites avaient les mains jointes, et les grandes tenaient leur livre sans affectation ; on s'apercevait à leur extérieur qu'elles étaient pénétrées de ce qu'elles lisaient, qu'elles étaient unies de cœur et d'esprit au prêtre qui célébrait le saint sacrifice.

Après la messe elles firent leurs stations aux différentes chapelles et écoutèrent très-attentivement les exhortations qu'on y fit, d'une manière aussi éloquente que touchante, sur le mystère de notre rédemption. De retour à la pension, elles passèrent le reste de la journée dans un grand recueillement.

Cependant le soir elles ne dispensèrent point leur maîtresse de leur raconter une histoire.

« Mes amies, leur dit-elle, quand une jeune demoiselle s'applique de bonne heure à imiter Jésus-Christ, en avançant en âge elle continue avec facilité et avec fruit les pieuses pratiques qu'on lui a inspirées : en voici un exemple frappant.

« Une veuve, ayant peu de bien, mais beaucoup de vertus, avait une fille nommée Agathe, âgée de dix ans. Agathe était vive et portée à la dissipation. Sa mère, n'ayant pas le loisir de suivre l'éducation de sa fille, la mit, malgré sa pauvreté, en pension chez une vertueuse institutrice. La petite Agathe demeura deux ans chez sa maîtresse; elle y fit de grands progrès, et n'oublia pas le sage avis de se proposer Jésus-Christ pour modèle dans toutes ses actions.

« Lorsqu'elle fut rendue à sa mère, Agathe était l'exemple et la consolation de toute sa famille. Patiente, douce, obéissante, elle ne se plaignait jamais de rien; elle parlait peu, mais à propos; toujours contente, d'une humeur égale dans toutes les circonstances, soit agréables, soit pénibles; ennemie de toute vanité, ayant des égards pour tout le monde, ne parlant mal de personne, aimant à rendre service : elle était toujours unie à Jésus-Christ.

« Une telle conduite lui acquit bientôt l'estime de tous ceux qui la connaissaient; mais quelques compagnes envieuses la traitèrent d'hypocrite. Agathe souffrait en silence. On reconnut son innocence, et les discours calomnieux de ses ennemies tournèrent à leur confusion.

« Une dame pieuse admirant les avantages qui distinguaient cette fille de toutes celles qui la fréquentaient, lui dit un jour : Agathe, je vous prie de me dire comment vous vous comportez avec vos compagnes. — Madame, lui répondit Agathe, il me semble que je fais bien peu de chose en comparaison de ce que je devrais faire. Je me suis toujours souvenue d'un avis que me donna ma maîtresse, lorsque je n'avais encore que onze ans; elle me dit souvent de me proposer Jésus-Christ pour modèle dans toutes mes actions et dans toutes mes peines : c'est ce que je tâche de faire, et voici comment je m'y prends :

« Lorsque je m'éveille et que je me lève, je me représente l'enfant Jésus qui, à son réveil, s'offrait à Dieu, son père, en sacrifice; pour l'imiter, je m'offre en sacrifice à Dieu dans ma prière, en lui consacrant ma journée et mes travaux. Quand on me commande quelque chose, je me représente que Jésus-Christ était obéissant à la sainte Vierge et à saint Joseph, et dans le moment j'unis mon obéissance à la sienne. Si l'on me commande quelque chose de dur et de pénible, je pense aussitôt que Jésus-Christ s'est soumis à la mort de la croix pour me délivrer de la mort et du péché; ensuite je fais de bon cœur tout ce qu'on me commande, quelque difficile que cela soit. Lorsque je travaille, je pense que Jésus-Christ s'est fatigué, a travaillé pour mon salut, et, loin de me plaindre, j'unis avec amour et avec résignation mes travaux aux siens.

« Si l'on parle mal de moi, si l'on me dit des injures, je ne réponds rien, je souffre avec patience, me souvenant que Jésus-Christ a souffert en silence, sans se plaindre, les accusations, les calomnies, les tourments et les opprobres les plus cruels : je pense alors que Jésus-Christ était innocent, et ne méritait pas ce qu'on lui faisait endurer; au lieu que je suis pécheresse, et que je mérite plus d'afflictions qu'on ne veut m'en faire éprouver.

« Lorsque je prends mon repas, je me représente Jésus-Christ prenant les siens avec modestie et frugalité, pour travailler à la gloire de son père. Si je mange quelque chose qui répugne à mon goût, je pense aussitôt au fiel que Jésus-Christ a goûté sur la croix : je lui fais le sacrifice de ma sensualité. Quand j'ai faim et que je n'ai pas de quoi me rassasier, je ne laisse pas d'être contente, en me souvenant que Jésus-Christ a jeûné quarante jours et quarante nuits, et qu'il a souffert une faim cruelle pour expier l'intempérance des hommes.

« Lorsque je suis en récréation, en conversation, je me représente comme Jésus-Christ était doux, affable et saint en conversant avec ses apôtres, et la bonté avec laquelle il faisait approcher de lui les petits enfants.

« Lorsque je vais prendre mon repos, je me représente que mon lit est bien différent de la croix sur laquelle il se coucha comme un agneau, offrant à Dieu son esprit et sa vie ; ensuite je m'endors en disant dans mon cœur ces paroles de Jésus-Christ : *Mon père, je remets mon esprit entre vos mains.* »

La maîtresse s'aperçut que des larmes coulaient des yeux de toutes ses élèves, et elle en conclut qu'elles avaient dans le cœur le germe d'une solide piété, et qu'elles feraient un jour le bonheur de leur famille.

La grande Promenade.

La satisfaction qu'avait éprouvée la maîtresse pendant les études, depuis plusieurs mois, la détermina à récompenser ses pensionnaires en leur accordant une grande promenade, c'est-à-dire, depuis le matin jusqu'au soir; elle choisit le Jardin des Plantes comme étant le lieu qui offre le plus de variétés dans des amusements aussi utiles qu'agréables. On prit plusieurs voitures, et l'on emporta tout ce qu'il fallait pour dîner convenablement un jour de fête ; pâtés, poulets, gâteaux, différents fruits de la saison, rien ne fut négligé. On se mit à table sur l'herbe avec empressement, ce qui n'empêcha pas les petites demoiselles de dire leur bénédicité, quoique plusieurs personnes eussent les yeux fixés sur elles : on leur avait appris à ne jamais rougir de faire une bonne action en public. Les grâces ne furent point non plus oubliées.

Après le dîner on parla d'aller voir les animaux : la maîtresse le permit, aux conditions qu'on irait en bon ordre, et qu'on ne se quitterait pas. On commença par les bêtes les plus féroces : les petites demoiselles remercièrent honnêtement le gardien de leur en avoir fait l'explication, et lui donnèrent une gratification selon leurs moyens. Ensuite elles allèrent admirer l'ours dit *Martin*, qui, pour un gâteau, monte à un arbre fort élevé. La maîtresse recommanda bien aux plus grandes de surveiller les petites, et surtout de les empêcher de se pencher sur les bords du parapet qui borde l'enceinte du terrain où est la loge de ce féroce animal. Quand il eut fait son manège accoutumé, on le récompensa avec beaucoup de joie, et l'on courut à l'éléphant ainsi qu'aux autres animaux qui sont dans de petits parcs. Les cygnes et les paons ne furent point oubliés. La maîtresse ne manqua pas de faire admirer à ses élèves la fécondité de la Providence dans la création de toutes les plantes et de tous les animaux. — Oui, mes amies, leur dit-elle, c'est Dieu qui a donné l'intelligence à l'éléphant, la force au lion, l'agilité au cerf; c'est Dieu qui rend le coq vigilant, l'abeille laborieuse, le castor industrieux.

Il fallut monter au labyrinthe et en parcourir tous les circuits. Comme on commençait à se fatiguer, la maîtresse invita les petites demoiselles à se reposer; alors chacune parla de l'animal qui lui avait paru le plus remarquable. L'une vantait l'éléphant pour sa masse; l'autre, le tigre pour sa belle fourrure; celle-ci, l'ours pour sa souplesse, malgré sa pesanteur; celle-là, le lion pour sa crinière, en ajoutant cependant que ses rugissements étaient effrayants. — Hé bien, reprit ici la maîtresse, cet animal, tout effrayant qu'il est par ses rugissements, peut quelquefois servir de leçon aux hommes; je vais vous conter une histoire qui vous prouvera combien il est susceptible d'amitié.

« Sous le règne de Guillaume III, roi d'Angleterre, tous les étrangers qui allaient à Londres se rendaient à la Tour pour voir le grand lion avec son petit chien, et en entendre l'histoire; l'affluence était si grande, que le garde fit, en peu de temps, une petite fortune. Ce lion était si prodigieux, qu'on l'appelait le roi des lions; tandis qu'il traversait les étroites limites de ses états, il était suivi par un joli petit épagneul noir qui gambadait autour de lui, et souvent même le mordillait, tandis que le noble animal, avec un air de complaisance, baissait sa tête formidable et se prêtait au badinage du roquet. Voici son histoire telle qu'elle a été racontée par le gardien de ces animaux.

« Il était d'usage que ceux qui se présentaient pour voir les lions de la Tour, lorsqu'ils ne voulaient ou ne pouvaient donner six sous, apportassent ou un chien ou un chat, comme une offrande à l'animal, au lieu d'argent. Un particulier ayant un jour apporté ce petit chien, qu'il avait trouvé dans la rue, le jeta dans la cage du lion; on vit cette petite bête, à demi-morte de frayeur, renversée sur le dos, la langue hors de la gueule et les pattes en l'air, en un mot dans une attitude suppliante, et semblant demander merci à un si redoutable maître. A ce spectacle, le lion, loin de le dévorer, ainsi qu'il avait fait des autres, se contenta d'abord de le regarder d'un œil grave, puis, s'approchant doucement de lui, de le sentir, de le tourner tantôt d'une patte, tantôt de l'autre, et comme voulant caresser une espèce de petit joujou qui avait su lui plaire. Le gardien aussi surpris que les spectateurs, alla chercher le dîner du lion ; alors on vit avec un surcroît d'étonnement ce redoutable animal se retirer dans le fond de sa cage, les yeux fixés sur le petit chien, et l'invitant, pour ainsi dire, à faire l'essai des mets qu'on lui servait. L'épagneul enfin, un peu remis de sa frayeur, et sentant son appétit réveillé par l'odeur de la bonne chère, s'approcha d'abord en rampant, et, quoique tremblant encore, se hasarda de manger un peu. Le lion alors s'approcha doucement, mangea avec le petit chien et le repas finit entre eux de la façon la plus amicale.

« A dater de cet instant, le petit chien, devenu cher à son souverain, s'apprivoisa tellement avec lui, que sa familiarité fut poussée au point de risquer de l'impatienter par ses gambades, par ses aboiements, et quelquefois même par des morsures ; mais le magnanime lion, loin de jamais en paraître irrité, se prêtait avec grâce à toutes les folies de son ami, et semblait même l'en aimer davantage. Environ un an après, l'épagneul étant mort d'un poison qu'un gardien des autres lions, jaloux de la prospérité de son confrère, lui avait, dit-on, administré, le lion d'abord parut croire que son favori dormait un peu trop long-temps; ensuite il le flaira à différentes reprises; puis le retourna de tous côtés, et enfin, traversant sa cage d'un bout à l'autre, d'un air inquiet et d'un pas précipité, il revint au petit animal, le fixa d'un air aussi tendre que douloureux, éleva sa superbe crinière, et fit entendre un hurlement prolongé, qui, pendant quelques minutes affecta les cœurs de tous les assistants. On tenta sans succès d'ôter de dessous lui la carcasse du petit chien; on lui offrit vainement les mets qu'il aimait le mieux; on lui jeta plusieurs autres petits chiens; mais il les mit en pièces, ne voulut essayer d'aucun, et ses rugissements, ainsi que ses efforts pour briser les barres de sa cage, devinrent si terribles, que ses forces s'étant insensiblement épuisées, on le trouva mort le cinquième jour au matin, sur le cadavre de son petit ami. Ils furent enterrés ensemble et vraiment regrettés. »

— Oh! le pauvre animal, s'écrièrent ici les petites demoiselles! qu'il avait le cœur bon! — Oui, dit la petite Julie; mais je ne l'aime pas tant que ceux dont j'ai lu l'histoire dernièrement dans mon ancien Testament. — Conte-nous donc cette histoire, lui dirent ses camarades.
— Il y avait dans la tribu de Juda un grand prophète, âgé de douze ans. Ayant refusé d'adorer des idoles, il fut jeté dans la fosse aux lions; mais ces animaux, par la puissance de

Dieu, ne lui firent aucun mal, malgré leur férocité. Voilà les lions que j'aime bien ! — Ah ! Julie, viens nous embrasser toutes, s'écrièrent les petites demoiselles ; ton histoire est courte, mais elle est fort jolie.

La maîtresse ne manqua pas de leur faire remarquer la présence d'esprit d'un enfant de sept ans, qui savait se rappeler à propos de ce qu'il y avait de plus intéressant dans ses lectures.

L'heure de l'ouverture du cabinet d'histoire naturelle ayant sonné, on s'y rendit en ordre : les gardes n'eurent-pas besoin d'avertir les petites demoiselles de ne point approcher trop près des glaces des armoires ; la maîtresse leur avait déjà donné cet avis avant d'entrer. Que de cris d'étonnement et d'admiration elles firent entendre, en voyant l'immense collection de plantes, de minéraux, de pierres précieuses, de coquillages, de reptiles, d'animaux et d'oiseaux aussi artistement arrangés que rassemblés à grands frais ! Mais les oiseaux fixèrent particulièrement leur attention ; ils leur parurent aussi frais que s'ils étaient vivants, et se tenir dans l'attitude qui leur est naturelle ; elles ne pouvaient concevoir comment on avait pu conserver si bien la couleur de leur plumage. Une dame, qui se trouvait près d'elles, avait à la main un charmant ouvrage intitulé *le petit Naturaliste* ; elle s'offrit de leur expliquer la manière de conserver le plumage des oiseaux ; son offre fut acceptée avec plaisir de la maîtresse.

Voici, dit la dame, comment on conserve les oiseaux du plus beau plumage : on les ouvre avec un couteau affilé, ou une paire de ciseaux, depuis la partie supérieure de la poitrine jusqu'à la trachée, après avoir eu toutefois la précaution de mettre les plumes de la poitrine à part, arrangées dans la même position où elles étaient sur le corps, ainsi que celles du ventre, afin que la peau puisse facilement se rapprocher des deux côtés. On détache la peau de tous les endroits charnus de la poitrine, des cuisses, des ailes et des autres parties du corps, et l'on ôte toute la chair ; enfin on vide les entrailles et toutes les parties intérieures; on répand légèrement sur toute la carcasse une composition bien pulvérisée d'alun brûlé, de camphre et de cannelle, mêlés ensemble en quantité égale, avec l'attention surtout de ne point faire entrer de sel dans cette composition, parce qu'en fondant, il rend toujours le plumage humide et le gâte. On arrose l'intérieur du corps avec une petite dose de camphre dissous dans de l'esprit de vin rectifié. Après cette opération on remplit avec du coton fin, ou autre substance laineuse et mollette, imbibée de ces liqueurs spiritueuses, toutes les cavités où la chair aurait été enlevée; on passe une paire de ciseaux par le bec de l'oiseau dans l'intérieur de la tête, pour déchiqueter la langue et le palais, les en détacher, et les faire sortir, ainsi que les yeux, la cervelle et toutes les parties intérieures de la tête; ensuite on y répand de la composition de camphre pulvérisé. On fait passer à la place des yeux naturels, des yeux artificiels; ces yeux sont ordinairement de verre : on se sert pour cela de petites pinces, qu'on introduit aussi par le bec. On fait passer un fil de laiton au travers du gosier, jusqu'à l'os de la poitrine; on l'y attache, et on place ensuite la tête de l'oiseau dans l'attitude où l'on veut qu'elle soit : et lorsqu'il est question de rapprocher les deux côtés de la peau de l'estomac qui ont été séparés, on les coud avec un fil de soie, en commençant par la poitrine. Enfin, on recolle les plumes de la poitrine et du ventre dans leur ordre convenable, afin que l'oiseau soit accompli. On introduit encore un fil de laiton, en le faisant passer à travers la plante des pattes jusqu'à la pointe de chaque aile, afin de pouvoir disposer l'animal comme on le juge à propos.

Les grands oiseaux de mer ont la peau épaisse et forte, et par conséquent ils peuvent être dépouillés : on en conserve bien soigneusement la queue, les griffes, la tête et les pattes, et l'on prend bien garde de laisser tomber du sang sur eur plumage. On garnit le dedans de leur peau, suivant la méthode dont je viens de vous parler.

La dame fit remarquer aux petites demoiselles

des oiseaux placés dans de l'eau-de-vie, du rhum, de l'arack ou autres liqueurs spiritueuses ; mais elle leur dit que la couleur du plumage est sujette à passer dans ces esprits, et que l'on s'en sert plus efficacement pour les petits quadrupèdes, pour toutes sortes de reptiles, comme serpens, lézards, grenouilles, et pour les poissons de toute espèce, en y ajoutant un peu d'alun.

Comme les coquillages parurent intéresser les petites demoiselles, la dame leur en donna quelques notions. Les coquillages, leur dit-elle, font une partie de l'histoire naturelle, et on en peut ramasser une quantité considérable et très-variée sur les bords de la mer. Ceux dans lesquels on trouve des poissons sont les plus précieux, à cause du brillant de leur couleur et de la douceur de leur surface ; il est vrai, ajouta la dame, qu'ils perdent cette beauté et ce poli, lorsqu'ils ont été trop long-temps exposés au soleil. Parmi ceux qui sont bivalves, tels que les pétoncles et les huîtres, etc., on ramasse soigneusement l'une et l'autre écaille, et lorsqu'il est question d'empaqueter les coquillages, on empêche qu'ils ne se frottent les uns contre les autres. Pour cet effet, on les sépare avec du papier, de la mousse, du sable, etc. Il en est de même des nids et des œufs des oiseaux qui méritent d'être placés parmi les ornemens les plus distingués des collections de l'histoire naturelle.

Tous ces détails firent le plus grand plaisir aux

petites demoiselles ; elles remercièrent l'obligeante naturaliste, et se retirèrent remplies d'admiration pour les merveilles de la nature, que la maîtresse ne manqua pas de leur faire rapporter à la toute-puissance et à la sagesse de Dieu.

On alla faire la collation, et l'on avait à peine fini, qu'on vint avertir les petites demoiselles que les voitures qui les avaient amenées venaient les reprendre ; elles partirent bien contentes de leur journée, et elles assurèrent leur maîtresse qu'elles n'oublieraient jamais le plaisir qu'elle leur avait procuré.

Le Pélerinage.

Les petites demoiselles avaient un grand désir de voir Nanterre, lieu de la naissance de sainte Geneviève. Ce n'était pas pour y manger de bons gâteaux, parce qu'elles n'étaient point gourmandes, mais par un esprit de piété, et par respect pour la mémoire d'une servante de Dieu dont la vie est si miraculeuse. La maîtresse leur fit donc faire ce voyage, qui fut pour elles un pélerinage édifiant.

On se leva de grand matin, et l'on prit des voitures aux Champs-Elysées ; la maîtresse eut soin de choisir des conducteurs qui ne fussent point jureurs. Elle monta dans la première avec les petites, et les grandes remplirent la seconde. Sur la route ce ne fut que cris de joie et de frayeur quand les chevaux, qui n'étaient pas des meilleurs, faisaient quelques faux pas, ou quand les roues se trouvaient dans des ornières. Le motif du voyage était trop pur pour qu'on n'arrivât pas à bon port; aussi, en descendant de voiture, avant de déjeûner, on alla à l'église faire une action de grâce. Après le déjeûner on entendit la messe, puis on visita les fonts où avait été baptisée sainte Geneviève, ainsi que le lieu où elle puisait de l'eau.

Après le dîner, qui fut très-frugal, on parcourut les environs du village, et l'on se promena sur le chemin de Chatou, au milieu duquel était, il y a peu d'années, une petite chapelle dédiée à sainte Geneviève, et célèbre par le concours de peuple qui y accourait de toutes parts. La maîtresse fit reposer ses élèves à l'ombre, dans l'avenue qui conduit à Chatou, et elle leur parla ainsi : « C'est dans cette plaine, mes amies, que sainte Geneviève conduisait ses moutons; c'est à deux pas d'ici que saint Germain, évêque d'Auxerre, et saint Loup, évêque de Troyes, eurent avec elle une conversation qui les édifia. Saint Germain lui dit : « Apprenez-nous, Geneviève, la manière dont vous servez Dieu. — Je rapporte à Dieu toutes mes actions, répondit-elle. Le matin, en me levant, je fais ma prière et je lui offre ma journée; je vais à l'ouvrage, et je travaille pour l'amour de lui; je prends mon repos et mes repas pour l'amour de Dieu, qui me nourrit; je souffre la faim, le froid ou le chaud, la pauvreté, les maladies, pour l'amour de Dieu, qui a tant souffert pour nous ». Ces saints évêques furent remplis d'admiration en apprenant d'une simple bergère un moyen si facile d'arriver à la perfection, et saint Germain, connaissant la vertu de Geneviève, l'exhorta à se consacrer entièrement à Dieu ; ce que la sainte ayant promis, saint Germain lui donna une médaille de cuivre où la croix était empreinte, pour marque de la promesse qu'elle venait de faire à Jésus-Christ ».

Après s'être bien promenées, nos petites demoiselles revinrent à Paris ; et, quoique très-fatiguées, elles prièrent, à leur retour, la maîtresse de leur raconter ce que devint sainte Geneviève après le départ des saints évêques, et si elle effectua la promesse qu'elle avait faite de se consacrer à Dieu. « N'en doutez pas, mes amies, leur dit la maîtresse, Geneviève reçut le voile des mains de l'évêque de Paris. Après la mort de son père et de sa mère, elle se retira à Paris chez une dame qui était sa marraine. Sa vertu et ses austérités lui acquirent aussitôt une grande réputation ; ce qui ne l'empêcha pas d'être exposée aux persécutions et aux calomnies les plus atroces. La sainte n'y répondit que par sa patience, et se contenta de pleurer et de prier en secret pour ses ennemis et pour ses calomniateurs. Ils s'adressèrent à saint Germain d'Auxerre, lorsqu'il passa à Paris dans son second voyage d'Angleterre, et accusèrent Geneviève d'hypocrisie et de superstition; mais le saint évêque méprisa ces accusations, et fit connaître l'innocence de la sainte. Attila, roi des Huns, étant entré dans les Gaules avec une armée formidable, les Parisiens voulurent abandonner leur ville, et résolurent de se retirer dans des places plus fortes; mais Geneviève les en empêcha, assurant que leur ville serait conservée, et que celles où ils prétendaient se retirer, seraient pillées et saccagées par les barbares. L'événement justifia sa prédiction, et les Parisiens n'eurent plus pour elle que des sentiments de vénération et de confiance. La sainteté de sa vie fut récompensée par le don des miracles. Elle mourut à l'âge de quatre-vingt-dix ans. On l'inhuma dans l'église des apôtres saint Pierre et saint Paul, qui a porté depuis le nom de sainte Geneviève. Cette église ne subsiste plus : mais une autre église élevée à la mémoire de la même sainte par la piété de nos rois, attestera à tous les siècles la vénération que l'on a pour ses reliques, qui sont déposées dans l'église de Saint-Etienne-du-Mont, et qui attirent un grand nombre de fidèles dans les jours consacrés à sa mémoire ».

La maîtresse ayant fini de parler, on monta au dortoir, non sans observer que l'histoire avait été un peu courte; mais on promit de se dédommager en demandant à aller visiter le tombeau de sainte Geneviève, ce qui fut promis à nos jeunes demoiselles.

La Compassion.

Les Prix.

Les Vacances.

La Compassion.

Un jour de congé nos jeunes élèves allèrent se promener au Luxembourg. Après avoir fait quelques tours d'allées, la maîtresse leur permit de danser en rond; beaucoup de personnes prirent plaisir à les regarder, et eurent la meilleure idée de leur éducation en les voyant si unies entre elles, si prévenantes les unes pour les autres; elles en conçurent une opinion bien plus flatteuse encore, en voyant la preuve de leur compassion pour les malheureux, et leur manière délicate de faire le bien.

Comme elles étaient à danser, une petite fille assez mal vêtue et toute en pleurs vint se jeter dans le rond qu'elles formaient. Leur premier mouvement fut de la questionner, et voyant que c'était un enfant qui était perdu, deux des plus grandes demandèrent à la maîtresse la permission de faire le tour du jardin pour chercher la mère; elles l'obtinrent.

A environ deux cents pas de leurs camarades, qui entouraient la petite fille, elles rencontrent une femme éplorée, qui, jetant la vue de côté et d'autre, marquait, par tous ses gestes, la plus vive inquiétude. Soupçonnant ce qui pouvait en être la cause, elles hasardèrent de lui demander si ce n'était pas une petite fille qui était la cause de ses alarmes? — Eh! oui, mesdemoiselles! où est-elle? ah! mesdemoiselles, dites-le moi! Elle a un mouchoir blanc autour de la tête. — Précisément, madame; c'est elle qui est au milieu de nos camarades. — Ah! mon Dieu! y sera-t-elle encore? — Venez, madame, nous allons vous y conduire.

L'espérance que lui donnait l'offre des deux demoiselles, mêlée d'un reste d'inquiétude, répandait sur le visage de la mère des nuances qu'il serait difficile de peindre. Arrivée vers le groupe des jeunes pensionnaires, elle quitte brusquement ses conductrices, et fend la presse : la petite fille l'aperçoit, lève ses petites mains en faisant un cri : *Ah! maman!* et la mère, s'élançant sur elle, l'accable de baisers. Elles jouirent pendant quelque temps du spectacle si doux que peut offrir la tendresse d'une mère; enfin, voyant que, tout occupée de sa fille, elle ne pensait plus à elles, elles se retirèrent aussi satisfaites de son oubli, que si elle leur eût fait le plus beau remercîment.

La maîtresse, qui, par ce petit événement, avait jugé du cœur de ses élèves, ne manqua pas le soir de leur témoigner toute sa satisfaction, et pour affermir en elles ce sentiment de compassion qui porte à partager les peines de ceux qui souffrent, elle leur rapporta l'histoire suivante :

« Une fermière, âgée de soixante-dix-huit ans, trouva devant la porte de sa maison une petite fille exposée. Quoiqu'elle fût elle-même peu aisée, et qu'on la sollicitât de se débarrasser de cette orpheline comme d'un fardeau, et de l'envoyer à la maison des Enfants-Trouvés, elle ne voulut jamais y consentir; elle ne savait point alors ce que deviendrait cette victime du sort. Au malheur d'avoir été ainsi délaissée, cette orpheline joignit celui de devenir percluse de ses mains, muette et imbécille. Cette triste situation ne fit que redoubler les soins de la généreuse fermière; elle la fit nourrir pendant un an du fruit de ses sueurs; elle eut toujours pour elle des entrailles de mère. A l'époque récente de la mort de son époux, le dérangement de ses affaires, le poids des années, et les infirmités de la vieillesse, qui ne lui permettaient plus de pourvoir, comme auparavant, à la subsistance de cette infortunée, la laissèrent néanmoins pendant quelque temps sans inquiétude sur sa destinée; elle espérait que sa fille, héritière de sa bienfaisance comme de sa fortune, étendrait sur la fille adoptive les ressources qu'elle offrait à la mère; mais quelle fut sa profonde douleur lorsqu'elle vit sa fille refuser de se charger d'une orpheline disgrâciée de la nature, et lui conseiller de la placer dans le dépôt de la province destiné à recueillir ce genre de malheureux! Le cœur de cette femme sensible fut déchiré; elle se peignit avec toute la vivacité du sentiment le sort de son élève, si elle l'abandonnait;

elle craignit que, confiée à des mains étrangères qui n'auraient point eu l'habitude de la soigner, cette malheureuse ne le devint encore davantage. Accablée de cette idée, elle n'a pu se résoudre à la quitter, elle a voulu la suivre dans son asile, et elle a demandé comme une grâce la permission d'y rester pour continuer d'en prendre soin. »

Les petites demoiselles donnèrent beaucoup d'éloges à la fermière compatissante, et blâmèrent sa fille de n'avoir point pris part à une si belle action.

Les Prix.

Le jour des récompenses occupait depuis long-temps l'esprit des pensionnaires; aussi redoublèrent-elles d'application au travail. Il arriva enfin ce jour tant désiré. La maîtresse n'avait point disposé ses élèves à jouer la comédie, parce qu'elle est persuadée que cet usage est scandaleux pour une maison d'éducation, attendu que les demoiselles y sont placées, non pour apprendre à être de bonnes comédiennes, mais de vertueuses mères de familles; elle leur prescrivait seulement, en conversant avec elles, des règles pour s'exprimer noblement, et elle leur faisait éviter les gestes trop affectés. La distribution des prix se fit donc d'une manière simple, mais satisfaisante pour les parents. On voyait, autour de la salle, des dessins, des broderies, et beaucoup de petits ouvrages travaillés avec autant de délicatesse que de goût. La maîtresse, au lieu d'un discours étudié, fit un court exposé de l'emploi du temps de chaque jour, et des leçons qu'elle avait données à ses élèves.

En distribuant les prix, elle fit une petite observation sur chaque élève qui avait mérité d'être récompensée, et sur le livre qu'elle lui mettait entre les mains. Par exemple, elle dit à la jeune Rosalie, en lui donnant le *Discours de Bossuet sur l'Histoire universelle* : Lisez cet ouvrage en entier, mademoiselle, et relisez-le plusieurs fois. L'auteur y a peint en grand, et d'un style rapide, cette suite d'événements importants arrivés depuis la naissance du monde jusqu'à Charlemagne. Les siècles se développent, les empires naissent et tombent sous vos yeux. Votre curiosité ne sera pas seule intéressée ; vous puiserez, dans cette lecture, des sentiments solides de religion.

En donnant la *Galerie des jeunes personnes* à Emilie, elle lui dit : Ce livre, mademoiselle, vous convaincra que la vertu est de tous les états ; qu'il est des âmes qui font le bien pour l'amour et la gloire de Dieu, parmi les filles du peuple comme parmi celles des souverains.

Il n'y a pas jusqu'aux plus petites pensionnaires à qui elle ne fît une morale courte, naturelle, convenable à leur âge, et relative aux livres qu'elle leur donnait. Voici, leur dit-elle, le *Petit*

Naturaliste, le *Cabinet des Enfants*, les *Jeux des quatre Saisons*, la *Lyre Sacrée*; ces livres, mes petites amies, vous apprendront ce que vous devez faire pour prouver à vos parents que vous les aimez bien, et pour mériter les faveurs du ciel, afin que vous croissiez, comme l'enfant Jésus, en âge et en sagesse.

Les petites pensionnaires coururent toutes se jeter dans les bras de leurs père et mère. Elles leur montrèrent leurs beaux livres, sans oublier les jolies gravures dont ils étaient ornés. Les parents, enchantés du choix des ouvrages, rendirent justice au goût de la maîtresse, et la prièrent de les diriger dans le choix d'autres livres, parce qu'il était juste qu'ils donnassent aussi des prix à leurs enfants, en témoignage de leur satisfaction. Ils étaient du nombre de ces honnêtes gens, qui pensent que le premier devoir des pères de famille est d'orner l'esprit des enfants par la lecture d'ouvrages qui enseignent la pratique des vertus et l'amour de la religion.

Les Vacances.

Le lendemain de la distribution des prix, la maîtresse rassembla les pensionnaires qui devaient aller en vacances et leur dit : Je vois avec plaisir, mesdemoiselles, que vous allez passer quelque temps au sein de vos familles. J'ai cette confiance que vos parents seront satisfaits de votre obéissance, de votre respect et de votre exactitude à remplir vos devoirs de chrétiennes.

Vous n'oublierez pas de faire vos prières soir et matin, et d'assister aux offices de l'église les fêtes et les dimanches.

Dans la conversation, prenez garde à trois choses : ne parlez point avant que vous ayez entendu ce qu'on dit; n'interrompez pas celui qui parle; ne vous hasardez pas de dire votre sentiment quand on parle de quelque chose que vous ne connaissez pas.

Evitez les rapports qui pourraient mettre le trouble entre vos frères, vos sœurs et les domestiques, et montrez-leur, en toute occasion, de la complaisance et de l'affection. Enfin, ne perdez jamais de vue les utiles avis qui vous ont été donnés ici pendant toute l'année.

Les pensionnaires qui restèrent à la maison virent partir leurs camarades sans jalousie; elles leur firent des adieux pleins de franchise et d'amitié, leur témoignèrent le désir de les revoir au plus tôt, leur dirent qu'elles dissiperaient leur ennui par la pensée qui les rapprocherait d'elles.

La lecture de bons livres leur procura surtout un grand plaisir. Plusieurs demoiselles avaient reçu, de leurs parents, des ouvrages nouveaux ornés de belles gravures; l'un, entre autres, était le *Tour du monde*, par madame Dufrenoy. L'auteur suppose qu'un précepteur fait, avec ses élèves, le tour du monde au coin du feu. L'occasion était belle : on aurait prié la maîtresse d'accepter ce rôle ; mais pour ne point perdre les jolies histoires que tous les jours elle racontait, l'aînée des demoiselles fut chargée de faire le précepteur. Elles aimaient à séjourner dans chaque ville qui offrait quelque souvenir intéressant. On resta long-temps à Paris, et pour mieux se rappeler certains passages, on en recommençait la lecture : le précepteur se reposait alors, et la petite demoiselle qui le désirait prenait le livre ; Sophie demanda à relire l'origine de Paris ; on le lui accorda ; elle reprit page 96 du premier volume.

« Cette ville existait avant la conquête des Gaules par Jules-César ; nommée d'abord *Lutèce*, d'un composé de mots celtiques signifiant *habitation au milieu de la rivière*, elle prit ensuite celui de ses habitants, qui s'appelaient *Parisii*, parce qu'ils étaient *près* d'un temple élevé à la déesse *Isis*, divinité des anciens Celtes et des Gaulois, Celtes eux-mêmes. Paris était alors renfermé dans l'espace étroit qui contient aujourd'hui le quartier dit de *la Cité*. Ses maisons n'étaient encore construites qu'avec du bois et de la terre, et seulement couvertes en chaume. Des huit cents villes qui composaient les Gaules, Lutèce, la plus respectée de toutes, faisait déjà présager sa future grandeur ; elle était la métropole, le lieu des assemblées des quatre-vingt-dix-huit peuples qui, dans la suite, se soumirent aux Romains. Attaqués par Labiénus, lieutenant de César, l'an 56 avant Jésus-Christ, les Parisiens sortent de leur ville pour la défendre; contraints de la rendre, ils y mettent le feu. César la fait rebâtir et fortifier, s'y établit, réforme la puissance des Druides, prêtres fanatiques et sanguinaires, et donne aux Gaulois la religion des Romains.

« Bientôt après un temple est élevé en l'honneur de Jupiter, et la langue des vainqueurs remplaça la langue ancienne des Celtes. L'an de J.-C. 245, saint Denis et ses compagnons, après avoir traversé les Gaules, viennent à Paris prêcher la foi catholique, et trouvent le martyre sur le mont de Mars, nommé aujourd'hui Montmartre. Des étymologistes pensent que ce dernier nom vient de *mons Martis*, d'autres de *mons Martyrum*, à l'occasion des défenseurs du christianisme qui y furent sacrifiés. Vers l'an 350 les Gaules sont envahies par un essaim de Germains et de Francs, nommés barbares par les Romains, jaloux de conserver seuls la conquête du premier, comme du plus grand des Césars. Julien, frère de l'empereur Constance, chargé de repousser les barbares, s'établit à Paris, où il est, peu de temps après, salué empereur par les soldats. Cette ville devint sa résidence favorite. Les mœurs simples et l'honnête rusticité des habitants des rives de la Seine contrastant singulièrement avec la mollesse des peuples de l'Orient, Julien s'attache aux Gaulois, orne leur capitale d'un palais, d'un amphithéâtre, de bains, d'un aqueduc, et d'autres embellissements. Assis sur le trône de Constantinople, il parlait encore avec attendrissement de sa chère Lutèce, et dans les ouvrages qu'a laissés cet empereur il fait souvent l'éloge des bons Parisiens. Plusieurs de ses successeurs vinrent aussi habiter Paris, et contribuèrent à son accroissement jusqu'en 465, que Childéric I.er chassa totalement les Romains de cette ville.

« En 508, Clovis, premier roi chrétien, y fixa sa résidence. Les monuments de l'antique religion des Gaulois disparaissent devant le christianisme, qui partout répand son influence salutaire. »

Ma bonne amie, interrompit Adèle, Clovis me rappelle sainte Clotilde, cette princesse vertueuse qui fit connaître à son époux la vraie religion. — Cherchons à la ville de Reims, dit le précepteur, nous y trouverons sans doute la cérémonie du mariage de Clovis. — M'y voilà, dit Sophie, c'est dans le même volume, page 169.

« Reims fut témoin de l'auguste cérémonie du baptême de Clovis, premier roi chrétien. Clotilde, son épouse, princesse d'une grande piété, avait fait long-temps de vains efforts pour arracher ce prince au culte des faux dieux. Ce fut dans les plaines de Tolbiac, lorsque l'armée française commençait à plier, que ce monarque, se rappelant tout ce que sa compagne lui avait dit de la puissance du vrai Dieu, prononça le serment, s'il remportait la victoire, de *n'adorer désormais que le Dieu de Clotilde.* Vainqueur, il tint fidèlement sa promesse. Bientôt après, l'évêque de Reims, le vertueux saint Remi, reçut Clovis au nombre des catéchumènes, le jour de Noël de l'année 493. Avant de répandre l'eau sacrée sur le monarque, l'illustre prélat lui adressa ces paroles remarquables : « Courbe la tête, fier Sicambre ; adore ce que tu » as brûlé, et brûle ce que tu as adoré. » L'exemple de Clovis fut suivi d'Abolède, sa sœur, de la plupart des seigneurs de sa cour, et de plus de trois mille Français. »

Enfin, chacune des petites demoiselles obtint de lire ce qui l'intéressait le plus, et, de cette manière, on fit deux fois le tour du monde. Les descriptions géographiques ou historiques, et les notices sur les hommes célèbres, captivaient tour à tour l'attention générale ; mais tout-à-coup une admiration profonde pour la vertu s'empara de toute l'assemblée. La jeune personne qui tenait la place du précepteur, voulut elle-même recommencer le morceau suivant :

« Un petit hameau des environs de Dax se glorifie d'avoir vu naître Vincent de Paul (en

1576), cet homme extraordinaire, qui a mérité d'être sanctifié, et que la postérité la plus reculée mettra encore au premier rang des bienfaiteurs de l'humanité. Jeune, il exerçait déjà la charité la plus active. Il dirigea ses études vers l'état ecclésiastique, auquel il se dévoua tout entier. Appelé à Marseille pour y recueillir une succession, il accepte, comme par délassement, une navigation de quelques heures. Des corsaires Africains infestaient les parages du golfe de Lyon : le petit bâtiment qui portait Vincent est attaqué, et ne peut opposer qu'une faible résistance : Vincent, blessé, est emmené captif. Acheté par un pêcheur, il est revendu à un médecin; celui-ci meurt, et son neveu recueille Vincent dans son héritage. Cédé à un renégat de Nice, Vincent, par ses discours, parvient à ramener l'infidèle dans le sein de l'église, et rentre en France avec lui. Accusé d'un vol, il est traduit devant les tribunaux; son innocence est reconnue. Nommé successivement aumônier de la reine, curé de Clichy, ensuite de Châtillon, il convertit une foule de protestants, et établit la confrérie de la Charité. Aumônier général des galères, il va à Marseille, prend les fers d'un galérien, et n'est reconnu que quelques semaines après. Supérieur de Saint-Lazare, il remet dans la voie du salut des âmes égarées. Il se transporte à l'armée pour y prêcher les dogmes de la foi. Il établit la congrégation des missions, et des missionnaires sont envoyés par lui sur tous les points de la terre ; il fait briller le flambeau du christianisme jusqu'en Barbarie. La Lorraine est dévastée par les guerres : il s'y transporte, et devient le père des malheureux. Il assiste Louis XIII dans ses derniers moments. Il est appelé au conseil de la reine. Accusé de simonie, il n'a pas besoin de se défendre pour être déclaré irréprochable. Fort de sa seule vertu, il fronde la conduite de Mazarin, et lui parle en homme libre. L'hôpital des Enfants-Trouvés, celui des Vieillards, dit le Nom-de-Jésus, sont fondés par lui, et l'Hôpital-Général établi par ses conseils. Couvert de gloire, d'honneurs et de bénédictions, il termine une si belle vie par une mort sublime. Il a vécu quatre-vingt-cinq ans. »

Chiffres arabes.	Chiffres romains.
un —	1 — I
deux —	2 — II
trois —	3 — III
quatre —	4 — IV
cinq —	5 — V
six —	6 — VI
sept —	7 — VII
huit —	8 — VIII
neuf —	9 — IX
dix —	10 — X
onze —	11 — XI
douze —	12 — XII
treize —	13 — XIII
quatorze —	14 — XIIII *ou* XIV
quinze —	15 — XV
seize —	16 — XVI
dix-sept —	17 — XVII
dix-huit —	18 — XVIII
dix-neuf —	19 — XIX
vingt —	20 — XX
trente —	30 — XXX
quarante —	40 — XXXX *ou* XL
cinquante —	50 — L

Chiffres arabes.		Chiffres romains.
soixante	— 60 —	LX
soixante-dix	— 70 —	LXX
quatre-vingts	— 80 —	LXXX
quatre-vingt-dix	— 90 —	XC
cent	— 100 —	C
deux cents	— 200 —	CC
trois cents	— 300 —	CCC
quatre cents	— 400 —	CCCC *ou* CD
cinq cents	— 500 —	D
six cents	— 600 —	DC
sept cents	— 700 —	DCC
huit cents	— 800 —	DCCC
neuf cents	— 900 —	DCCCC *ou* DCD
mille	— 1000 —	M

PETITE TABLE DE MULTIPLICATION.

2 fois 2 font 4
2 — 3 — 6
2 — 4 — 8
2 — 5 — 10
2 — 6 — 12
2 — 7 — 14
2 — 8 — 16
2 — 9 — 18
2 — 10 — 20
2 — 11 — 22
2 — 12 — 24
3 — 3 — 9
4 — 4 — 16
5 — 5 — 25
6 — 6 — 36
7 — 7 — 49
8 — 8 — 64
9 — 9 — 81
10 — 10 — 100

FIN.

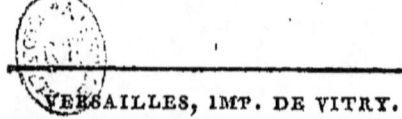

VERSAILLES, IMP. DE VITRY.